ックレット 017

自由と平和のための
京大有志の会
声明書

はじめに ……… 2
声明書 ……… 4

いろいろなことばで

英語 ……… 10
ドイツ語 ……… 12
スペイン語 ……… 14
中国語（繁体字） ……… 16
モンゴル語 ……… 18
インドネシア語 ……… 20
イタリア語 ……… 22
ウクライナ語 ……… 24
ルーマニア語 ……… 26
ヘブライ語 ……… 28
リトアニア語 ……… 30
アイスランド語 ……… 32
子ども ……… 34

フランス語 ……… 11
ロシア語 ……… 13
中国語（簡体字） ……… 15
朝鮮語 ……… 17
ヒンディー語 ……… 19
ベトナム語 ……… 21
ポーランド語 ……… 23
ハンガリー語 ……… 25
アラビア語 ……… 27
ブルガリア語 ……… 29
スワヒリ語 ……… 31
エスペラント語 ……… 33
子ども（インドネシア語） ……… 35

発起人メッセージ ……… 36
賛同者の声から ……… 40

クレヨンハウス

はじめに

2015年7月2日、わたしたちは「自由と平和のための京大有志の会」を設立すると同時に、声明書を発表した。全国各地の集会で読み上げられたり、新聞や雑誌で取り上げられたりして、2ヶ月で、12歳の小学生から94歳の元海軍兵まで、2200人を超える賛同の声がわたしたちのもとへ届けられた。フェイスブックのシェアも2万8000を超えた。その速度は、まさに時代の危機の深刻さを反映している。

いま、生命も学問も商売や戦争の道具としか考えない政財界の人間たちによって、わたしたちの生きる領域がどんどん刈り込まれている。声明書にいのちを吹き込まれたのは、政府による憲法の蹂躙(じゅうりん)によって、この刈り込みが暴走をはじめたときであった。

草稿者は、執筆中のことをほとんど覚えていない。切迫する状況のなかで、書物に刻まれた先人たちの声、研究会での議論、中華料理屋での政治談義、子どもに読み聞かせた絵本……完全に主体を奪われた草稿者にさまざまな主体が憑依(ひょうい)し、書かせた、というのが事実に近いのかもしれない。

この声明書はつまり、つくられたときにはすでに誰のものでもなかった。さまざまな背景をもつひとびとによって、さまざまな言語に翻訳され、自分のことばに改変され、自分の声で朗

読され、曲がつけられた。「英語を操るグローバル人材」という政財界の理想的人間像をあざ笑うかのように、アラビア語やスワヒリ語など、翻訳が次々に増えていった。お客さんの目に入るようにメニューの裏に忍ばせるバーの女将、コンビニで拡大コピーして家の前に貼る方、病院の入り口に貼り出す開業医、手づくりのうちわに貼る方、絵画に賛同の想いを託す画家、訪問者にそっと想いを伝えるために自宅のトイレに貼る方、自分のことばで共感を表明する詩人。日々の何気ない営みこそが、この声明書が根をはる土壌にほかならない。

運動ということばにつきまといがちな勇ましさやたくましさを、わたしたちはもちあわせていない。そもそもリーダーがいない。わたしたちの中心にあるのは表現である。どんなささやかな表現でも、こころの底から表れたものである限り、誰かとこころの奥深くで触れていられる「ひろば」をつくる。「ひろば」は、立ち止まって、息をつき、考え、ことばを交換する場所である。わたしたちは、新しい表現に挑み、「ひろば」をつくることに徹していきたい。声明書は、その発端にすぎない。

8月10日、京都市左京区百万遍の交差点南東角に出現した「声明書」の立て看板。京大有志の会のメンバーで、元美術部の院生の指揮のもと、学生、院生、教員が協力してつくり、立てかけた。

3

声明書

戦争は、防衛を名目に始まる。
戦争は、兵器産業に富をもたらす。
戦争は、すぐに制御が効かなくなる。

戦争は、始めるよりも終えるほうが難しい。
戦争は、兵士だけでなく、老人や子どもにも災いをもたらす。
戦争は、人々の四肢だけでなく、心の中にも深い傷を負わせる。

精神は、操作の対象物ではない。
生命は、誰かの持ち駒ではない。
海は、基地に押しつぶされてはならない。
空は、戦闘機の爆音に消されてはならない。

血を流すことを貢献と考える普通の国よりは、知を生み出すことを誇る特殊な国に生きたい。

学問は、戦争の武器ではない。
学問は、商売の道具ではない。
学問は、権力の下僕ではない。

生きる場所と考える自由を守り、創るために、私たちはまず、思い上がった権力にくさびを打ちこまなくてはならない。

自由と平和のための京大有志の会

〈 英語 〉
Manifesto

War begins in the name of defence
War rewards the weapons industry
War quickly becomes uncontrollable

War is easier to start than to end
War wounds not only soldiers but also the elderly and children
War cuts not only the body but leaves scars deep inside the heart

The mind is not an object to be manipulated
Life is not a pawn to be played

The sea is not to be lost amid military bases
The sky is not be erased by fighter planes

We would rather live in a country that is proud of its wisdom
than in a country that thinks shedding blood is the contribution

Scholarship is not a weapon of war
Scholarship is not a tool of business
Scholarship is not a servant of power

To create and to protect
Our place of life and freedom to think

We will strike against this conceited power

Kyoto University Campaign for Freedom and Peace

〈 フランス語 〉
Manifeste

La guerre se déclare au nom de la défense.
La guerre enrichit les industries militaires.
La guerre devient vite immaîtrisable.

La guerre est plus difficile à terminer qu'à commencer.
La guerre outrage non seulement des soldats, mais aussi des vieux et des enfants.
La guerre blesse non seulement le corps, mais aussi, et jusqu'aux profondeurs,
l'âme des gens.

L'esprit n'est pas l'objet de manipulation.
La vie n'est pas au service de quelqu'un.

La mer ne doit pas être enfouie sous des bases militaires.
Le ciel ne doit pas être rempli des bruits de bombardiers.
Nous voulons vivre, non dans un pays ordinaire qui met du sang humain à contribution,
mais dans un pays extraordinaire, fier de donner naissance aux savoirs.

Les sciences ne sont pas les armes de guerre.
Les sciences ne sont pas les moyens de marchandisation.
Les sciences ne sont pas les serviteurs du pouvoir.

Afin de protéger et de créer les lieux pour vivre et la liberté pour penser,
il nous faut commencer par une percée dans le cœur de ce pouvoir enorgueilli.

Mouvement de l'Université de Kyoto pour la Défense de la Liberté et
de la Paix

〈 ドイツ語 〉
Erklärung

Ein Krieg beginnt unter dem Vorwand der Staatsverteidigung.
Ein Krieg bringt Gewinne für die Kriegsindustrie.
Ein Krieg gerät bald außer Kontrolle.

Ein Krieg ist schwieriger zu beenden, als anzufangen.
Ein Krieg bringt nicht nur den Soldaten Unheil, sondern auch den Alten und Kindern.
Ein Krieg beschädigt nicht allein die Glieder, sondern verursacht tiefe Wunden in den Herzen der Menschen.

Der menschliche Geist darf kein Gegenstand der Manipulation sein.
Leben ist kein Spielstein von irgendjemandem.

Das Meer darf nicht von Stützpunkten erdrückt werden.
Der Himmel darf nicht durch den gewaltigen Lärm von Kampfflugzeugen taub werden.

Wir möchten nicht in einem Staat leben, in dem es normal ist, dass man das Vergießen von Blut als Beitrag für das Land versteht. Wir möchten in einem jener „besonderen" Staaten leben, in dem man darauf stolz ist, Wissen hervorzubringen.

Wissenschaft ist keine Waffe für den Krieg.
Wissenschaft ist kein Mittel zum kommerziellen Handel.
Wissenschaft ist kein Diener der Macht.

Wir müssen zunächst einen Keil in jene sich überschätzenden Mächte hineintreiben, um den Ort, an dem wir leben, und unsere Freiheit im Denken zu bewahren und auszubauen.

    Yūshi no kai (Vereinigung Gleichgesinnter) der Kyōto Universität für Freiheit und Frieden

〈 ロシア語 〉
Манифест

Война начинается под именем самозащиты.
Война приносит богатство военной промышленности.
Война быстро выходит из-под контроля.

Труднее завершить войну, чем начать ее.
Война приносит беду не только солдатам, но и старикам, и детям.
Война наносит глубокие раны не только телу, но и душе.

Дух – не объект управления.
Жизнь – не решенный кем-то ход.

Нельзя море усупать военной базе.
Нельзя терзать небо грохотом истребителей.

Желательно жить не в стране, считающей кровополитие заслугой,
а в стране, гордящейся развитием ума и знаний.

Наука – не оружие для войны.
Наука – не способ бизнеса.
Наука – не лакей власти.

Для того, чтобы создать пространство для жизни и защитить свободу мысли,
мы, прежде всего, должны вбить клин в самоуверенную и надменную власть.

Акция Киотского Университета за Мир и Свободу

⟨ スペイン語 ⟩
Manifiesto

La guerra empieza con el pretexto de la defensa.
La guerra es lucro para la industria armamentística.
La guerra queda pronto fuera de control.

La guerra se empieza fácilmente, mas es difícil terminarla.
La guerra lleva la desgracia al anciano y al niño igual que al soldado.
La guerra no solo causa graves heridas físicas: hiere también el corazón humano.

El espíritu no debe ser nunca objeto de manipulación.
La vida no es una pieza en el tablero de nadie.

El mar no debe ahogarse bajo el peso de las bases militares.
El cielo no puede sucumbir ante el estruendo de los aviones de combate.

Es preferible vivir en un país especial que se enorgullezca de promover el saber a vivir en un país normal que solo piense en contribuir con su sangre.

El saber académico no es un arma de guerra.
El saber académico no es una herramienta de negocios.
El saber académico no es servidor del poder.

Tierra para vivir, libertad para pensar: protejámoslas, creémoslas… y para ello,
Empecemos por desbaratar la estrategia del arrogante poder.

Campaña de la Universidad de Kioto por la Libertad y la Paz

〈中国語(简体字)〉
声明书

战争,始于防卫的名目。
战争,给兵器工业带来财富。
战争,瞬间便失去掌控。

战争,结束永远比发动困难。
战争,不仅给士兵、也给老人和孩童带来灾难。
战争,不仅给身体、也给心灵刻上深深的创痕。

精神,不应是被操控的对象。
生命,不应是被摆布的棋子。

大海,不应被军事基地侵占。
天空,不应被战斗机的噪音污染。

我们愿活在以催生新知为荣的"特殊"国度,
而不愿活在将流血当作奉献的"普通"国家。

学问,不是战争的武器。
学问,不是生意的道具。
学问,不是权力的奴仆。

为了维护和创造生存的场所、思考的自由,
我们必须首先阻止权力的跋扈。

京都大学自由与和平维护者会

〈 中国語（繁体字）〉
聲明書

戰爭，始於防衛的名目。
戰爭，給兵器工業帶來財富。
戰爭，瞬間便失去掌控。

戰爭，結束永遠比發動困難。
戰爭，不僅給士兵、也給老人和孩童帶來災難。
戰爭，不僅給身體、也給心靈刻上深深的創痕。

精神，不應是被操控的對象。
生命，不應是被擺佈的棋子。

大海，不應被軍事基地侵佔。
天空，不應被戰鬥機的噪音污染。

我們願活在以催生新知為榮的"特殊"國度，
而不願活在將流血當作奉獻的"普通"國家。

學問，不是戰爭的武器。
學問，不是生意的道具。
學問，不是權力的奴僕。

為了維護和創造生存的場所、思考的自由，
我們必須首先阻止權力的跋扈。

京都大學自由與和平維護者會

〈 朝鮮語 〉
성명서

전쟁은 방위라는 이름으로 시작된다.
전쟁은 무기 산업을 살 찌울 뿐이다.
전쟁은 곧 제어할 방법이 없게 된다.

전쟁은 시작하는 것보다 끝내는 것이 더 어렵다.
전쟁은 군인뿐만 아니라 노인들이나 아이들에게도 재앙을 가져온다.
전쟁은 사람의 몸뿐만 아니라 마음 속에도 깊은 상처를 남긴다.

정신은 조작할 대상이 아니다.
생명은 누군가 마음대로 할 수 있는 것이 아니다.

바다는 기지로 파괴 되어서는 안 된다.
하늘이 전투기의 폭음으로 얼룩져서는 안 된다.

피 흘리는 것을 공헌으로 여기는 나라보다는,
지식을 생산하는 것을 자랑스럽게 여기는 특별한 나라에서 살고 싶다.

학문은 전쟁의 무기가 아니다.
학문은 돈 버는 도구가 아니다.
학문은 권력의 노예가 아니다.

삶의 터전과 사고의 자유를 지키고, 창조하기 위해,
우리는 우선 오만한 권력에 쐐기를 박는다.

자유와 평화를 지키는 교토대학유지의 회

〈 モンゴル語 〉
Уриалга

Дайн, батлан хамгаалахаас эхлэлтэй
Дайн, зэвсэг үйлдвэрлэгчидэд ашигтай
Дайн, хяналтыг үгүй хийдэг

Дайн, эхлэхээсээ дуусах нь хэцүү
Дайн, зөвхөн цэргүүдэд бус ахмадууд хүүхдүүдэд ч бас гай зовлонг авчирдаг
Дайн, зөвхөн 4 мөчинд биш сэтгэл зүрхэнд гүн шарх үлдээдэг

Оюун санаа гэдэг нь удирдан залж байдаг зүйл биш
Амь нас гэдэг нь хэн нэгний барьж буй шатрын хүү биш

Далай тэнгис цэргийн баазын зориулалтаар эвдэгдэх ёсгүй
Тэнгэр сөнөөгч онгоцны бөмбөгний чимээнд цочирох ёсгүй

Цусаа урсгахыг хувь нэмрээ оруулж байна гэж бодох улс нийгмээс
Оюун ухааныг баялагаа болгож онцолсон улс нийгэмд амьдармаар байна

Эрдэм мэдлэг бол дайны зэвсэг биш
Эрдэм мэдлэг бол бизнесийн хэрэгсэл биш
Эрдэм мэдлэг бол эрх мэдлийн боол биш

Амьдрах орон зай, бодож сэтгэх эрх чөлөөгөө хамгаалахын тулд, бид эрх мэдлийг сөрөн зогсохгүй бол болохгүй.

эрх чөлөө, энх тайваны төлөөх киотогийн их сургуулийн сайн дурын холбоо.

18

〈 ヒンディー語 〉
घोषणापत्र

रक्षा के नाम पर युद्ध की शुरुआत होती है.
युद्ध का सबसे ज्यादा लाभ हथियार उद्योग को मिलता है.
युद्ध तेजी से बेकाबू हो जाता है.

युद्ध शुरु करना बहुत आसान है, किंतु उसे खत्म करना कठीन है.
युद्ध में ना केवल सैनिक ज़ख्मी होते हैं लेकिन उसमें बुजुर्ग और बच्चे भी घायल होते हैं.
युद्ध के घाव ना हि सिर्फ शरीर पर लेकिन दिल के अंदर भी गेहरे निशान छोड देते हैं.

मन चालाकी करने के हेतु इस्तेमाल की जाने वाली वस्तू नहीं है.
जीवन नचाई जाने वाली किसी कठपुतली की तरह नहीं है.

सागर, सैनिक छावनी के बीच खो जाने के लिये नहीं है.
आकाश, लड़ाकू विमानों से मिटाने के लिये नही है.

जो देश खून बहाना एक प्रकार का योगदान समझता हो उससे अच्छा हम एक ऐसे देश में रहना पसंद करेंगे जहाँ हम अपने आप को बुद्धिमत्ता पर गौरवान्वित महसूस कर सकें.

पांडित्य युद्ध का हथियार नहीं है.
पांडित्य कारोबार का साधन नहीं है.
विद्वत्ता सत्ता की दासी नहीं है.

हमें बनाना है, रक्षा करनी है, ऐसे रहने की जगह की, जहाँ हम स्वतंत्रता से विचार कर सकते हैं.
हम इस अहंकारी सत्ता के विरुद्ध संघर्ष करेंगे.

क्योतो विश्वविद्यालय स्वतंत्रता और शांति अभियान

〈 インドネシア語 〉
Manifesto

Perang dimulai atas nama pertahanan negara.
Perang memberi keuntungan kepada industri senjata.
Perang lepas kendali dengan cepatnya.

Perang lebih susah diakhiri daripada dimulai.
Perang bukan hanya melukai tentara, tetapi juga orang tua dan anak-anak.
Perang bukan hanya melukai tubuh, tetapi juga meninggalkan luka mendalam di dasar hati.

Jiwa dan hati kita bukanlah objek manipulasi.
Nyawa bukanlah sebuah bidak permainan.

Laut pantang dirusak oleh basis militer.
Langit pantang dihapus oleh bunyi bising pesawat tempur.

Kita ingin hidup di negara yang punya cirikhas yang bangga melahirhadirkan ilmu pengetahuan, daripada di negara biasa yang menganggap mengalirkan darah merupakan sebuah sumbangan.

Ilmu pengetahuan bukanlah senjata untuk berperang.
Ilmu pengetahuan bukanlah alat untuk berbisnis.
Ilmu pengetahuan bukanlah budak kekuasaan.

Untuk menjaga dan menciptakan tempat hidup dan kebebasan berpikir, terlebih dahulu kita harus membaji pada kekuasaan yang angkuh.

Relawan Universitas Kyoto untuk Kebebasan dan Perdamaian

〈 ベトナム語 〉
Bản tuyên bố

Chiến tranh bắt đầu với danh nghĩa phòng vệ
Chiến tranh mang lại lợi nhuận cho ngành chế tạo vũ khí
Chiến tranh dễ trở nên không thể khống chế được

Chiến tranh, việc kết thúc khó hơn việc bắt đầu
Chiến tranh mang lại tai họa, không những cho binh sĩ mà cho cả người già lẫn trẻ em.
Chiến tranh gây thương tích không những cho cơ thể mà cho cả tấm lòng

Tinh thần, cái đó không phải là đối tượng để ai đó thao túng
Sinh mạng, cái đó không phải là quân bài của một ai đó

không nên để căn cứ quân sự nghiền nát bãi biển
Không nên để tiếng gầm của máy bay chiến đấu lấn át bầu trời

Chúng ta muốn sống ở một đất nước "đặc thù" tự hào về sáng tạo trí thức
chứ không phải ở một đất nước "bình thường" coi chảy máu là đóng góp

Học vấn, cái đó không phải là vũ khí của chiến tranh
Học vấn, cái đó không phải là công cụ của kinh doanh
Học vấn, cái đó không phải là đầy tớ của chính quyền

Để bảo vệ và tạo ra được nơi sinh sống và quyền lợi tự do suy nghĩ
Chúng ta trước hết cần phải đóng nêm vào chính quyền kiêu ngạo

Hội những người tình nguyện trường đại học Kyôtô vì tự do và hoà bình

〈 イタリア語 〉
Appello

La guerra inizia nel nome dell'autodifesa.
La guerra beneficia l'industria delle armi.
La guerra non si può controllare una volta iniziata.

La guerra inizia facilmente e finisce con difficoltà.
La guerra ferisce vecchi e bambini, non solo i soldati.
La guerra danneggia il corpo e lo spirito.

Non si manipola lo spirito umano.
Ciascuno deve avere il controllo sulla propria vita.
Non si soffoca il mare con basi militari.
Non si sporca il cielo con il boato dei cannoni.

Vogliamo vivere in un paese speciale, orgoglioso della propria saggezza, non in un paese 'normale' che ammira la forza militare.

Il sapere non è uno strumento di guerra.
Il sapere non è uno strumento del capitalismo.
Il sapere non è al servizio del potere.

Dobbiamo opporci con tutte le nostre forze a questo governo per creare e proteggere lo spazio per vivere e pensare liberamente.

Campagna per la Libertà e la Pace dell'Università di Kyoto.

⟨ ポーランド語 ⟩
Manifest

Wojna zaczyna się pod hasłem obrony.
Wojna przynosi korzyści przemysłom zbrojeniowym.
Wojna wymyka się spod kontroli tuż po jej rozpoczęciu.

Wojna jest czymś, co trudniej skończyć niż rozpocząć.
Wojna dotyka nie tylko żołnierzy, ale również starszych i dzieci.
Wojna uszkadza ciało jak i rani duszę.

Wola ludzka nie powinna być poddawana manipulacji.
Życie człowieka nie jest własnością innej osoby.

Morza nie wolno zabudowywać bazami wojskowymi.
Nieba nie wolno wypełniać samolotami bojowymi.

Wolimy raczej żyć w „nietypowym" kraju, gdzie czuje się dumę z dążenia do wiedzy i wkładania energię w naukę, niż żyć w „normalnym" kraju, w którym powodem do dumy jest przelewanie krwi.

Nauka nie jest narzędziem wojny.
Nauka nie jest narzędziem biznesu.
Nauka nie jest narzędziem polityki.

Aby bronić wolności słowa i tworzyć przestrzeń, w której będziemy swobodnie żyć,
Musimy najpierw uderzyć w ten zarozumiały rząd.

Stowarzyszenie Zwolenników Wolności i Pokoju przy Uniwersytecie Kyoto

〈 ウクライナ語 〉
Маніфест

Війну розпочинають в ім'ям самозахисту.
Війна приносить багатство військової промисловості.
Війна швидко виходить з-під контролю.

Війну набагато важче завершити, ніж розпочати.
Війна приносить біду не тільки солдатам, але і людям похилого віку та дітям.
Війна завдає глибокі рани не тільки тілу, а й душі.

Дух – не є об'єктом управління.
Жити людині чи ні – не вирішується кимось.

Синє море не має бути військовою базою.
Високе небо над головою не варто терзати гуркотом винищувачів.

Бідна та людина, яка живе в країні, що вважає кровопролиття своєю заслугою,
Бажано жити в країні, що пишається розвитком розуму і знань.

Наука – не зброя війни.
Наука – не справа бізнесу.
Наука – не прислуга влади.

Для того, щоб створити простір для життя і захистити свободу думки,
ми, насамперед, повинні дати відсіч самовпевненій та пихатій владі.

Суспільство університету Кіото за Свободу і Мир

ウクライナ語は、ウクライナ在住の高校生が訳したバージョンもあります。「自由と平和のための京大有志の会」HP (http://www.kyotounivfreedom.com/manifesto/) でご覧ください。

⟨ ハンガリー語 ⟩
Kiáltvány

A háború az önvédelem nevében kezdődik.
A háború fegyveriparnak hoz gazdagságot.
A háború mindjárt szabályozhatatlanná válik.

A háborút nehezebb befejezni, mint elkezdeni.
A háború nemcsak a katonáknak, hanem az idöseknek és gyerekeknek is kárt okoz.
A háború nemcsak a testekben, hanem a szívekben is sebeket ejt.

A szellemünket ne manipulálja senki!
Az életünket ne tegye kockára senki!

A tengerre ne nehezedjen katonai bázis!
Az eget ne kavarja fel harci gépek zaja!

Hadd legyünk büszkék arra, hogy tudást teremhetünk az ország számára,
Nem pedig arra, hogy vérünket áldozzuk érte!

A tudomány nem fegyvere a háborúnak.
A tudomány nem eszköze a kereskedelemnek.
A tudomány nem szolgája a hatalomnak.

Védjük meg az életet!
Teremtsük meg a gondolat szabadságát!
Álljunk ellen az a hatalom ármánykodásainak!

A Kiotói Egyetem felhívása a szabadságért és a békéért

⟨ ルーマニア語 ⟩
Declarație

Războiul începe sub pretextul autoapărării.
Războiul e profitabil doar pentru industria de armament.
Războiul scapă ușor de sub control.

E mai ușor să începi un război decât să-i pui capăt.
Războiul nu omoară doar soldați, ci și copii și bătrâni.
Războiul nu rănește doar corpul, ci și sufletul.

Spiritul nu trebuie să se lase manipulat de către alții.
Viața nu trebuie să se lase folosită în interesul altora.

Marea nu trebuie cotropită cu baze militare.
Cerul nu trebuie acoperit de huruitul avioanelor de luptă.

Preferăm să trăim într-o țară 'normală' care se mândrește cu înțelepciunea locuitorilor ei, decât într-una 'specială', care le cere acestora să se sacrifice pentru ea.

Învățătura nu trebuie să devină o armă.
Învățătura nu trebuie să devină o marfă.
Învățătura nu trebuie să fie aservită puterii.

Pentru a proteja și duce mai departe dreptul de a trăi și libertatea de a gândi, trebuie, mai întâi de toate, să ne împotrivim cu putere aroganței guvernului actual.

    Campania pentru Libertate și Pace, inițiată de Universitatea Kyoto

〈アラビア語〉
نداء ضد الحروب

تبدأ الحروب تحت ذريعة الدفاع.
تزيد الحروب ثروات صناع الأسلحة وتجارها.
إن اندلعت الحروب صار من الصعب وقفها.

إنهاء الحروب أصعب من بدأها.
لا تؤذي الحروب الجنود فحسب بل تؤذي الكبار والصغار على حد سواء.
لا تؤذي الحروب الأجساد فقط بل يصل أذاها إلى القلوب أيضا.

لا ينبغي أن نقامر بروح البشر.
ينبغي أن تكون حياة الإنسان ملكا له وحده.

لا يحب أن تملأ القواعد العسكرية البحر.
ولا أن يلوث أزيز الطائرات الحربية صفو السماء.

نود أن نعيش في بلد فريد يفتخر بحكمته لا في بلد "عادي" يثمن المنجزات العسكرية

المعارف والعلوم ليست سلاحا من أجل الحروب.
المعارف والعلوم ليست أداة للتجارة والكسب.
المعارف والعلوم ليست لخدمة السلطة.

من أجل بناء مجتمع نحميه ونعيش فيه متمتعين بحرية التفكير، يجب علينا جميعا أن نواجه بشدة ودون هوادة بمعرفة الحكومة وتسلطها.

حملة جامعة كيوتو من أجل الحرية والسلام.

〈 ヘブライ語 〉
מניפסט

מלחמה מתחילה בשם ההגנה,
מלחמה מיטיבה עם תעשיית הנשק,
אך עד מהרה, לא ניתן לשלוט בה.

קל לפתוח במלחמה מלסיים אותה
והיא פוגעת לא רק בחיילים אלא גם בזקנים וילדים.
מלחמה פוגעת בגוף ומותירה צלקות גם בלב.

אל לנו להעריים על המחשבה,
חיי אדם אינם כלי משחק.

חבל לאבד את הים לבסיסים צבאיים
ולמחוק את השמיים במטוסי הקרב.

העדפתנו היא לחיות בארץ שגאוותה על חכמה ודעת
מאשר בארץ המאמינה בשפיכות דמים.

למדנות אינה כלי מלחמה
ואל לה להיות בשליחות אנשי עסקים ובעלי שררה.

כדי שנוכל ליצור במקום בו אנו חיים, ולהגן עליו,
כדי שיהיה לנו החופש לחשוב,
נצא נגד הממשלה היהירה.

קמפיין אוניברסיטת קיוטו לחופש ושלום

〈 ブルガリア語 〉
Манифест

Войната започва под прикритието на самозащитата.
Войната облагодетелствува оръжейната индустрия.
Войната излиза от контрол веднага щом започне.

Войната е по-трудно да се приключи, отколкото да се започне.
Войната ощетява не само войниците, но и възрастните хора и децата.
Войната осакатява тялото и оставя дълбока рана в сърцето.

Човешкият дух не бива да бъде манипулиран.
Човешкият живот не може да бъде притежаван.

Морето не бива да бъде затлачвано с военни бази.
Небето не бива да се осквернява с рева на изтребители.

Не искаме да живеем в държава, която почита кръвопролитието,
а в уникална страна, която се гордее със своите мъдрост и знание.

Науката не е военно оръжие.
Науката не е средство за търговия.
Науката не робува на властта.

За да създадем и защитим място, където да живеем и мислим свободно,
първо трябва да забием клин в сърцето на самомнителната власт.

　　　　　　　　　Съюз на доброволците от Киотски университет за мир и свобода

〈 リトアニア語 〉
Manifestas

Karas prasideda savigynos vardu,
Karas praturtina ginklų gamybos industriją,
Karas tampa nebesukontroliuojamu tik jam beprasidejus,

Karą pradėti langva, užbaigti – sunku.
Karo metu nukenčia ne tik kareiviai, bet vaikai, senoliai…
Karas palieka gilias žaisdas netik ant rankų, kojų, bet ir širdy.

Žmonių sielos nėra kažkas kontroliuojamo,
Žmonių gyvybės nėra žaidimams kažkieno tikslais.

Jūrų negalima prišnerkšti karinėmis bazėmis,
O dangaus paslėpti karinių lėktuvų gausmu.

Norime gyventi ne šalyje kaip tos, kurios indėliu laiko kraujo liejimą,
O šalyje, kuri didžiuodamasi dalijasi išmintimi.

Mokslas nėra karinė ginkluotė,
Mokslas nėra įrankis verslui,
Mokslas nėra galingųjų tarnas.

Apginti ir kurti vietą kur gyvename, ir laisvę galvoti patiems už save,
Visų pirma turime sustabdyti įsibėgėjusią ir pasipūtusią politinę jėgą.

Kioto Universiteto Draugija Laisvei ir Taikai

〈スワヒリ語〉
Wito

Vita vinaanza katika mwamvuli wa kujilinda.
Vita vinazinufaisha sekta za kutengeneza silaha.
Vita mara vinapoanza havidhibitiki kirahisi.

Vita ni rahisi kuanza kuliko kuvimaliza.
Vita si vinawaletea balaa askari-vita tu bali wazee na watoto pia.
Vita si vinawadhuru binadamu mikono na miguu yao tu bali madhara yake
yanapenya ndani ya mioyo yao pia tena na zaidi.

Utu wa mtu si kitu cha kudhibitiwa na wengine.
Utashi ni wake mwenyewe si wa mwingine.

Bahari isielemewe na ngome za kijeshi.
Mbingu isinajisiwe na ngurumo za ndege za kijeshi.

Tunataka kuishi katika nchi ya kipekee inayosifu kuzalisha hekima kuliko nchi ya
kawaida tu inayoona kujitolea kupigana na wengine ni michango.

Utaalamu si silaha ya vita.
Utaalamu si nyenzo ya biashara.
Utaalamu si mtumwa wa mwenye nguvu.

Ili kulinda na kujenga pahala pa kuishi na uhuru wa kufikiri,
sisi, kwa dhati yetu, lazima tuipinge vikali nguvu yenye kiburi.

Kampeni kwa Uhuru na Amani ya Chuo Kikuu cha Kyoto

〈 アイスランド語 〉
Stefnuyfirlýsing

Stríð hefjast í nafni sjálfsvarnar
Stríð styrkja vopnaiðnað
Stríð verður hratt stjórnlaust

Það er auðveldara að hefja stríð en að enda þau
Stríðin skaða ekki bara hermenn heldur einnig eldra fólk og börn
Stríð skaða líkamann en rista einnig djúpt í sálir manna

Mannsandann skyldi ekki ráðskast með
Mannslíf er ekki verkfæri fyrir aðra til að ná sínu fram

Sjóinn skyldi ekki fylla með herstöðvum
Himininn skyldi ekki vanhelga með gný úr herþotum

Við viljum lifa í sérstöku landi sem er stolt af visku sinni,
heldur en "venjulegu" landi sem hefur hernað í hávegum

Vísindi eru ekki stríðsvopn
Vísindi eru ekki verkfæri til að nota í viðskiptum
Vísindi eru ekki til að þjóna valdi

Til þess að vernda og skapa stað til að lifa á og frelsi til að hugsa
Verðum við að berjast með fullum krafti á móti hrokafulla ríkisvaldinu

Kyoto Háskólinn átak fyrir frelsi og frið

⟨ エスペラント語 ⟩
Manifesto

Milito komenciĝas en la nomo de defendo.
Milito profitigas armilindustrion.
Milito tuj fariĝas neregebla.

Milito facile komenciĝas sed malfacile finiĝas.
Milito kaŭzas malfeliĉon ne nur al soldatoj sed ankaŭ al maljunuloj kaj infanoj.
Milito severe vundas ne nur homajn korpojn sed ankaŭ homajn korojn.

Homa menso ne estas objekto de manipulado.
Homa vivo ne estas ies ŝakpeco.

La maro ne estu dispremita de militbazoj.
La ĉielo ne estu makulita per la muĝado de militaviadiloj.

Ni volas vivi, ne en normala lando, kie oni laŭdas sangoverŝon kiel kontribuon, sed en speciala lando, kie oni fieras pri produktado de saĝo.

La scienco ne estas armilo de milito.
La scienco ne estas instrumento de komerco.
La scienco ne estas servanto de potenco.

Por protekti kaj krei vivlokon kaj pensliberecon unue ni devas enbati kojnon en arogantan potencon.

        Volontularo por libereco kaj paco en la Universitato de Kioto.

〈子ども〉
わたしの「やめて」

くにと くにの けんかを せんそうと いいます

せんそうは「ぼくが ころされないように さきに ころすんだ」
という だれかの いいわけで はじまります
せんそうは ひとごろしの どうぐを うる おみせを もうけさせます
せんそうは はじまると だれにも とめられません

せんそうは はじめるのは かんたんだけど おわるのは むずかしい
せんそうは へいたいさんも おとしよりも こどもも くるしめます
せんそうは てや あしを ちぎり こころも ひきさきます

わたしの こころは わたしのもの
だれかに あやつられたくない
わたしの いのちは わたしのもの
だれかの どうぐに なりたくない

うみが ひろいのは ひとをころす きちを つくるためじゃない
そらが たかいのは ひとをころす ひこうきが とぶためじゃない

げんこつで ひとを きずつけて えらそうに いばっているよりも
こころを はたらかせて きずつけられた ひとを はげましたい

がっこうで まなぶのは ひとごろしの どうぐを つくるためじゃない
がっこうで まなぶのは おかねもうけの ためじゃない
がっこうで まなぶのは だれかの いいなりに なるためじゃない

じぶんや みんなの いのちを だいじにして
いつも すきなことを かんがえたり おはなししたり したい
でも せんそうは それを じゃまするんだ

だから
せんそうを はじめようとする ひとたちに
わたしは おおきなこえで「やめて」というんだ

　　　　　　　　じゆうと へいわの ための きょうだい ゆうしの かい

〈 子ども（インドネシア語） 〉
Pernyataan

Perkelahian antar negara disebut Perang.

Perang dimulai dengan alasan seseorang bahwa "aku membunuh lebih dulu supaya tidak jadi dibunuh."
Perang memberi keuntungan pada toko yang menjual alat-alat pembunuh manusia.
Perang, sekali dimulai, tidak bisa dihentikan oleh siapapun.

Perang itu mudah dimulai tetapi sulit untuk berakhir.
Perang membuat sengsara tentara, orang tua, dan juga anak-anak.
Perang mencabik tangan, kaki, dan juga hati.

Hati saya punya saya.
Tak mau diatur seseorang.
Nyawa saya punya saya.
Tak mau jadi alat seseorang.

Luasnya laut bukan untuk membuat markas para pembunuh orang.
Tingginya langit bukan untuk menerbangkan pesawat pembunuh orang.

Daripada mendukung orang-orang yang menyombongkan diri ketika berhasil melukai orang dengan tinjunya
Lebih baik memberi semangat kepada orang-orang yang dilukai karena mengikuti hati nuraninya.

Belajar di sekolah bukan untuk membuat alat pembunuh orang.
Belajar di sekolah bukan hanya untuk memperoleh uang.
Belajar di sekolah bukan hanya untuk mengikuti perintah seseorang.

Dengan menjaga nyawa sendiri dan nyawa semua orang,
ingin selalu berpikir dan bercerita tentang hal-hal yang saya sukai.
Akan tetapi, perang mengganggu hal itu.

Maka
terhadap orang-orang yang akan memulai perang
saya berteriak "Jangan!" dengan suara keras.

Relawan Universitas Kyoto untuk Kebebasan dan Perdamaian

発起人メッセージ

石井 美保（人文科学研究所教員）

「普通のひとびと」の、かすかな声に耳を傾けること。ひとびとの日々の暮らし、よろこび、悲しみ、生死とともにあって、それらを分かち合うこと。さまざまな差異や分断を超えて、わたしたちには分かち合えるものがあるということを伝えていくこと。人類学者としての仕事を通して、ときに想像を絶するような苦境や困窮のなかにありながらも、生きることを否定せず、自分にとってのよりよい生を模索するひとびとの姿と、その力を目の当たりにしてきました。政治権力によって「普通の暮らし」が危機に晒されているいま、そうした無数のひとびとの一員として、声を上げ続けなくてはと切実に感じています。権力の側が期待するのは、民衆の分断と追従と無関心。わたしたちにあるものは、一人ひとりの声と連帯、決してあきらめない気持ちです。
新しい社会運動を、一緒につくっていきましょう。

岡 真理（総合人間学部教員）

イスラエル軍侵攻下のベツレヘム、パレスチナ人青年アウニーは言った——ぼくたちは自由と平和を求めて闘っているけれど、生まれたときから占領下で、暴力しか知らない。きみは日本から来たんだろ。日本は自由なんだろ？ 平和なんだろ？ じゃあ、おしえてくれよ、自由ってどんなものか、平和ってどんなものか……。

わたしたちは本当に知っているのだろうか……自由とは何か、平和とは何か。もし、知っていたのなら、教育基本法がむざむざと改訂されることはなかっただろう。もし、知っていたのなら、沖縄がいまなお基地の存在で苦しむことはなかっただろう。アパルトヘイト体制下の南アフリカで「名誉白人」などと呼ばれはしなかっただろう。ガザを封鎖し、恥知らずの占領を半世紀近くも続けるイスラエルと、包括的パートナーシップ構築のための共同宣言などあり得ないだろう。

アウニーよ、やがて、わたしたちもまた、自由とは何か、平和とは何かを真に知ることになるだろう。大きな対価を支払って。そして、自由も、平和も、その対価に値するものであることを知るだろう。そのときわたしたちは、パレスチナに、南アフリカに、沖縄に、朝鮮に、一歩、近づくのだ。

岡田 直紀（地球環境学堂／農学研究科教員）

あれはもう30年以上も前のこと。世の中には絶対的な真理などあるはずがないと口にしたとき、10歳以上も年の離れた友人が即座に「人間のいのちは尊い、これは絶対的な真理だ」と返した。「カゲキハ」というレッテルを貼られ、四六時中、日常生活を監視され、職に就くこともできない数年間を過ごしたその友人は、「ゴッつうつらかったわ」と言いながら、しかし決して闘うことをやめず希望を失うことがなかった。頭でっかちの学生はひとことも返すことばがなかった。友人のことばはいまに至るまで、学生のこころの中に刻まれている。

小難しい理屈などない。戦争になればいのちが失われる。だから戦争に反対する。戦争につながる法制にも反対する。戦争を賛美する風潮に異議を申し立てる。ひとのいのちに鈍感な人間を大量生産しかねない大学「改革」に抵抗する。

Mさん、もう長い間お目にかかっていません。まだ京都においでですか。もしおいでなら、わたしたちの隊列に加わってください。

小関 隆（人文科学研究所教員）

ものを書くのに行き詰まったとき、わたしはしばしば次のことばで自分をなぐさめます。*

What is written without effort is in general read without pleasure.

サミュエル・ジョンソンのこのことば、法や政策にも適用可能でしょう。「スピード感」「リーダーシップ」「決められる」「ぶれない」等々をほめそやす風潮のなか、政治の場でも学問の場でも、クーデターと思しき手法が横行していることに深い懸念を抱きます。

駒込 武（教育学部教員）

「役に立つ」研究とはなんだろう？

安保法案を「違憲」とする憲法学者たちは、今日の政府からすれば「役に立たない」研究をしているということになるのだろう。

やはり今日の政府からすれば、原発の再稼働を生存権を否定するものとして批判する研究も「役に立たない」から消えてほしいのだろうし、教育現場における君が代斉唱を「良心の自由」という観点から批判する研究は有害無益ということなのだろう。

下村博文文部科学大臣は、大学における人文・社会系を大幅に縮小し、「国益」にかなう自然科学系研究を拡大するという意向を表明した。それは、人文・社会系にとってはもちろん、自然科学系の研究者にとっても災厄だ。政府から見て「役に立つ」研究にはお金もひとも潤沢に供給されるが、「役に立たない」研究は干乾しにする政策は、研究活動全般を沈滞させずにはおかないからだ。研究とは、お金を入れたら、自分の選択

---

*「労せずして書かれたものは、得てして、よろこびもなく読まれる」という意味。

した飲みものがゴトンと出てくる自動販売機のようなものではない。そこには、生身の人間としての研究者の課題意識があり、これを研究という手続きに載せるための創意があり、思いもかけない発見がある。その結果が、政府から見て「役に立つ」ものになるとは限らない。

だから、「役に立つ」ということばにだまされないようにしたい。「役に立つ」とはどういうことか、誰のために、どのように「役に立つ」のか。そのことをしっかり見極める回路を、自分自身の研究の中に組み込ませたい。そして、市民社会における自由が縮小し、破壊されていく状況に対して、自分に何ができるのかということをあらためて問い直したい。

小山 哲（文学研究科教員）

かつてカントは、政治家が「並はずれたうぬぼれをもって政治学者を机上の空論家と蔑視し」、学者が何を言おうと「世間に通じた政治家はそれを気にする必要はない、と考えている」と、皮肉を込めて指摘しました。そのうえで、そのような政治家の態度を逆手にとって、それならば学者がどんなに思い切った意見を説いても国家に対する危険を嗅ぎ取ったりしてはならないはずだ、と釘を刺し、あの『永遠平和のために』*1を書いたのです。日本国憲法第9条は、このカントの平和論

の延長線上に位置しています。いままた、日本の政権を握る政治家たちは、研究者としてのわたしたちを「机上の空論家と蔑視」し、学問の場である大学のかたちをゆがめ、幾世代ものひとびとの痛切な経験と思索の結晶である憲法の規定をなきものにしようとしています。このような現状に危機感を抱く者が集まって、ここに連帯の「ひろば」をつくりました。わたしたちは、現政権が推し進める危険な安全保障政策と防衛政策、学問と文化をないがしろにする学術政策と教育政策に反対します。そして、かつてカントがそうしたように、この状況を逆手にとり、この「ひろば」で自由と平和を確かなものとして創造するための思索と議論を重ね、ここから発信していきたいと考えています。

坂出 健（経済学研究科教員）

語り得ぬものについては嘘わなければならない。半村良『軍靴の響き』*2が1972年、村上龍『海の向こうで戦争が始まる』*3が1977年。一種、預言めいた作品たちが胸に突き刺さった。コレハ狼少年ノ寓話デショウカ？　星新一による変奏「この利口なる少年、やがて若くして村長に推され、つぎつぎと幻影とも思える政策を打ち出し〔挿入─アベノミクスとやら〕、村人たちは、前にぶらさげられたニンジンを追って走る馬のごとくに働き、やがてこのあたりで最もすばらし

い村に経済成長をとげた」。そして教訓「この少年のまねをしようなど、夢にも考えてはならぬ。あなたがやければ、オオカミに食われるか、村人たちに袋だたきにされるか、どちらかで終る」。寓話は現となり、現は幻となる（かならぬか）。

田所　大輔〈西部講堂連絡協議会／人間・環境学研究科D1〉

ある日、京大構内を顔を知っている大学院生が歩いているのに思った。京大教員だった。しばらくして、また別の京大教員が西部講堂の運営会議に来た。そして、この企画の開催が決定された。わたしは、京都大学で15年間半学生をしている。あと、2年半で博士号を取得する予定なので、京大生18年という文章でも書こうと、学生人生をまとめにかかり出した頃だった。わたしは研究に加えて、音楽表現活動を行っているのだが、いまのわたしひとりの力では、この夏に、西部講堂で安保への異議を唱えることはできないと思っていたところだった。歩いていた大学院生に会ったことからはじまった西部講堂企画。学生人生をまとめるどころか、お話づくりがはじまった。

藤原　辰史〈人文科学研究所教員〉

いまの政権与党は、わたしたちの話し合いよりも、沈黙と服従を好み、わたしたちの生命よりも、アメリカへの追随を大切にし、文化の創出よりも、文化の商品化にお金を投じます。安倍政権がわたしたちに押しつけようとしている現実は、かつて「ファシズム」と呼ばれたあの現実と似通っています。ファシズムがあれほど徹底して人間破壊を推し進められたのは、ファシズムを支持する国民がいたからです。わたしたちは、わたしたちの生を、自分で決める唯一の現実となる前に、ファシズムがわたしたちの生きる唯一の現実となる前に、身近な場所から、ことばを使って連帯を広げていきたいと思います。

松田　素二〈文学研究科教員〉

ひとの歴史は、ちいさな日常の場面と状況の積み重ねですが、往々にして、巨大な意思と欲望の奔流に押し流されます。その流れにのって暮らしていると、きには押し流されていることさえ気づかないこともあります。大学で学ぶことに意味があるとしたら、こうした流れを根源的に見つめ思考する力を身につけ、流れに棹さすことのない実践力を鍛えることでしょう。また大学でおしえることに意味があるとしたら、この流れの源流をたどって世界の別のありようを提示し、その世界の実現のための行動を起こすことなのだと思います。

賛同者の声から

ネット上でわたしたちの「声明書」への賛同者を募ったところ、多くの方々がお名前を寄せてくださったばかりではなく、胸に響くメッセージを寄せてくださいました。そのごく一部をあげさせていただきます。

メッセージの内容も、文体も、さまざまです。よくよく考えると、ちょっと立場が違うかなというものもあります。肩書きも、京都大学関係者はごく一部、それぞれの生業（なりわい）は多様です。それでも、借りものにたよらず、自分なりに情報を取捨選択し、想像力をめぐらせ、生活実感を見つめ直しながらことばを紡ごうとしている点では共通したところがあるように感じます。どれもが「生きる場所と考える自由を守り、創る」のに大切なことばたちであり、わたしたちの「声明書」を含めて、お互いが「連歌」のように深く響き合っています。できることならば、ここには載せられなかったWEBページ上のメッセージと合わせて、お読みいただければ幸いです。

（自由と平和のための京大有志の会）

○ 吉村 喜彦（作家）

「狼が来るぞ」と言って、戦争がはじまる。
怖がりで無知な人間ほど、攻撃的になる。
「狼が来るぞ」なんて喩えは、狼にも悪い。
ヒトのほうが、よっぽど獰猛で、しかもtoo muchだ。

○ 斉藤ハーン 真美子（主婦）

世界の平和と安全のため
あの戦争で逝ったひとたちの魂
わたしたちに何を伝えようとするであろうか
対テロ戦争の正義　不都合な真実のひとつ
アメリカがパキスタンで行っている
無人機ドローン攻撃では
名もなき数多くの市民の血が流れている
ノーベル平和賞を受賞したマララ・ユスフザイは
教育の大切さを訴える
しかし、まさにそのパキスタンで
アメリカ等による空爆の恐怖で
子どもたちが学校にも行けなくなった状況に
どう向き合うのか
13歳のズバイルと9歳のナビラは
畑で　祖母とオクラを収穫していた
大好きだった祖母は
子どもたちの目前で　空爆により　肉片と砕け散った
「わたしたちを　同じ人間として扱ってほしい

戦争は　人間から人間性を奪う

武力という暴力の大義名分
世界と日本国民の平和と安全のため
わたしたちは　どう向き合うのか
愛する者を奪われた子どもたちのこころに　残った傷
人間としての同じ　生きる権利を与えてほしい」
アメリカ政府が　私たちに対しても
基本的人権を与えるように
アメリカ政府が　アメリカ市民に

○濱本 緑（パート勤務医）

父が京大卒でした。敗戦直前に学生でした。食べるものが乏しくて銀閣寺の池の貝を下宿していた仲間と盗んで食べるほどだったと話していました。京大のみなさまがこのような会を立ち上げたと父もきっとよろこんでいるでしょう。父の兄弟12人のうちひとりは目を負傷し、ふたりは戦地から帰りませんでした。母は女学生時代に学校から戦闘機工場に強制労働に行かされました。たとえ敵国のひとであってもひとが殺されるのはたまらなくいやで、クラスメートとサボタージュをしていると憲兵に平手をくらった。この国は間違ったことをしていると確信したそうです。学校の敷地内に天皇皇后の写真と教育勅語が納められた奉安殿（ほうあんでん）というのがあって、その前を通るときは最敬礼しないといけない決まりになっていたが、若者を含め多く
の国民が「天皇陛下万歳」と叫んで死んでいくのを知っているのに、戦争をやめさせられない天皇を拝む気になれず素通りし、先生から注意を受けていたそうです。戦後上野駅は大勢の孤児や、家も職も家族も失い飢えや病気で倒れているひとびとや死体もゴロゴロしており、田舎向けの車内は身動き取れず、車内で死んだひとをまた光っていたのを忘れられないと、母が話してくれました。父や母が生きた時代を再現させてはいけません。

○亀口 公一（NPO法人アジール舎代表）

子どもは、決して「ちいさな兵士」でも「ちいさな労働者」でも「ちいさな消費者」でもありません。戦争する／できる「大人」が、戦争しない／できない「子ども」のいのちを奪う権利はありません。いまこそ、すべての大人が自発的服従から解き放たれ、非暴力直接行動（当たり前の日常生活を取り戻す行動）の旗を自らの内に立ち上げるときです。

○植本 有見（どこにでもいる主婦）

声明書を読み、先人が残してくれた当たり前の日常を子どもたち、孫、その先の世代に変わらず残していくことの大切さを痛感しています。
一人ひとりの大切なひとや場所、学び育つことを、この先、変わらず残すために、わたしはこの声明書に賛同

します。

○近藤 直子（日本福祉大学教授）

1973年教育学部卒業生です。在学中から障がいのある子どもの発達保障に取り組んできました。障がい者を多数生み出すだけでなく、障がい者を「戦争に役に立たない」存在として人間扱いしなくなります。戦時中は「ごくつぶし」と蔑まれ、戦後も教育しても役に立たないからと、「日本国憲法」に平等権も教育権もうたわれていたにもかかわらず、障がいの重い子どもたちが義務教育を受けられるようになるまでに、30年以上の期間を必要としました。運動の力で権利は実質化していきます。

日本福祉大学でも有志「声明」を出しましたが、その最後の呼びかけは「warfareでなくwelfareを」です。

○佐藤 由里（主婦）

戦争に行った父が晩年、毎晩のようにうなされ、叫びました。ふだんはもの静かな父がこんな悪夢に苦しむなんて、どれほど過酷な経験をしたのだろうと思いました。父の苦しみを忘れることなく、わたしたち家族はこれからを生きなければと思っていましたので、この日本の異常事態にじっとしていられず、京大卒生ではありませんが、一主婦として参加させていただきました。息子がこの異常事態に「何かを学ばなければと思うが、

まずは何を学んだらいいのだろうか。世界の歴史だろうか」と申しておりました。

こんな強行採決がまかり通れば、子どもたちが何のために学んでいるのかわからなくなります。将来の不安を抱えながら、わたしたちも一生懸命考え、できることをしたいと思います。

○太田 祐輝（京都大学文学部卒・主夫）

何気なく日常に追われ、日々忙しく働いているなかで、政治のごたごたや一部の人が騒いでいることはよくわからないし、めんどくさい、という選択を多くのひとが取ってしまえば、意図しない結果として全体主義になってしまうのだと危惧しています。「何かヘンだ」と感じた常識や意見に対し、周りに流されることなく「それはヘンだよ」と声に出すことを、京大では学ばせてもらったと思っています。「めんどくさい」問題を常に考え続け、思考停止しないために、ぜひ賛同させていただきます。

○いつや（京都市民、詩人）

朝が来る
あまりにも平和で
あまりにも愚かなそれは
半世紀以前の戦火を忘れ
朝食のパンを片手に
今日の占いを見るためにテレビをつける

42

今やテレビとはそういうものだ占いぐらいしか信じてみようと思うものがない。だがつまりそれは今日のラッキーパーソンが「独裁者」ならそれを信じるということでもある。

○ 伊藤 普史（農家）

法案に大きな問題があるのは明らかですが、それよりも怖いのは、わたしたちが政府の言う通りこれしか解決策がない（戦争できるようにすることが抑止力になる）というでたらめな幻想に取りつかれてしまうこと。というでたらめな幻想に取りつかれてしまうこと。想像力を働かせることなく、なんとなく威勢のよいことばに乗せられてしまうこと。
こころの中に巣食うもやもやした気持ちを晴らすために、他国のひとびとを傷つけることに平気になること。
ひとつのこころを巧みに操り、都合のよい方向に世論の方向を少しずつずらしていこうとするひとびとに対して、目を凝らしながら反対の声を上げていきたいと思います。
なんとなくうさん臭いと思いつつ、きっとこの法律ができてもひどいことにならないだろうとタカをくくって見過ごして、気がつけば「ああ、あのときあんな法案を通さなければ」とならないように、いまこそ一人ひとりが行動していきましょう。
この声明書は、じんわりと、そしてしっかりとこころに響きました。その思いを少しでも広げていきたいと思

○ 工藤 晋平（京都大学・特定准教授）

言論を崩壊させないために

現政権の独裁体制は、言論の崩壊によって成り立っています。象徴的なはじまりを挙げれば、「アンダーコントロール」がそれにあたります。福島の実態にそぐわないにもかかわらず、プレゼンテーションにおいて発せられたそのことばは、空虚な美辞でしかありません。ことばを重ねれば重ねるほど、論理は迷走し、次第に意味が剥奪されていきます。憲法解釈、大学改革、オリンピック誘致、安保法案審議と、この数年間、繰り返されてきたことです。
言論の抑圧が問題なのではありません。むしろ意味の破壊による言論の崩壊が問題なのです。
報道の統制、大学への攻撃は、言論の崩壊の事実を指摘すること、それによって言論が復活することへの恐れに基づいているのでしょう。そのようなあり方を受け入れるべきではありません。
自由と平和を、そのための言論を、わたしたちは守るべきであり、その趣旨を共有する者として、会に賛同します。

○ 河津 聖恵（詩人）

沖縄に行って彼地のひとびとと語り合い、彼らがいま

も戦争被害の癒えない傷を抱え、沖縄の自然と文化を自分の魂の故郷として守り抜きたいと切望していることを、実感してきました。声明書の以下の一節は、彼地のちいさな生きものたちさえもが声なき声で叫んでいることばだと思います。

海は、基地に押しつぶされてはならない。
空は、戦闘機の爆音に消されてはならない。

○ 広瀬 ケーナ（京都大学院生　ベトナム研究）

ベトナムを研究していると、いかに「戦争」と「戦争への抵抗」が「現代」までつながっているのか思い知らされます。

現代でもアメリカがイラクやアフガニスタンなどで行っているように、ベトナムはアメリカの一方的な主張やレッテルから、雨のように爆弾や枯葉剤をまかれ、村ごと焼かれ、多くの民衆が殺戮（さつりく）されました。枯葉剤による後遺症や土壌汚染は、いまもベトナム社会の課題として積み残されています。

ベトナム戦争は、最初（そして最後……?）のテレビカメラが戦地に密着した戦争でした。アメリカ国内の殺戮映像高揚を目的に連日テレビで放映された現地の殺戮映像は、そのあまりのむごさから、やがて世界の人道主義と反戦を願う民衆を動かします。「非暴力不服従」の精神のもと集った世界中の市民の声は、最終的にアメリカ軍の撤退につながったのです。以後、ベトナム戦争に学ん

だ戦争遂行者は、都合の悪い戦場の映像がマス・メディアを通してひとびとに届かないようにし、わたしたちに見えないように戦争するようになりました。

「平和ボケ」と称される現代日本のわたしたちは、リアルな「戦争」の姿を知っているでしょうか？

戦場とそこで必死に「生きたい」と願ったひとびとの姿は、まだまだわたしたちに直視されず眠らされたままです。本当の戦争をその目で確かめ、もう一度歴史を見てください。

家族や友人がいのちを無駄にしてひと殺しに行く戦争という何よりもむごたらしい行為を、わたしはどのような理由をつけても美化・正当化することはできません。

○ 花岡 安佐枝（SAL laboratories ディレクター）

両親が第二次世界大戦中に思春期を過ごしました。毎日の生活で折に触れては、その間にそれぞれが少年少女のやわらかなこころで体験した、ひとのこころのゆがみや暴力、理不尽な忍従のありさまを聞きました。この記憶があれば、決して同じ過ちは起きないと思っていましたが、残念ながらそうではないようです。

国を復興した傲慢からなのか、すべきでない部分まで社会制度を市場化し利便性を追求したからなのか、物事をラクにするために、そこに払われている負に蓋をしてきたからなのか、そのすべてゆえなのかと考えあぐねますが、ひと任せにしてきたこと、自身の利便性を求めす

44

ぎたことの大きな負債をいま取り立てられているような気がし、その中のひとりである自分を恥じずにはおれません。

しかしながら、その一方でさまざまな美しいものを見、様々な知識を得る豊かな時間と、学びがそこにあったことも事実です。少なくとも、いま世の中で起きていることの過ちを理解できるほどには、できるならば、自分が受けることができた知的な、芸術的な豊かさを、次の世代にも引き継ぎたいと願います。

他者を押しのけたり黙らせてまでする進歩や拡大が世界を豊かにするとは思いません。それをとどめ、内的な豊かさや調和を探索するほうへ、ひとも社会も大きく舵をとらせることこそ知力や英知だと思います。

これ以上、ひとが自然を侵すことなく、またひとびとが互いの多様さを受容できる道を探す一歩をあらためて踏み出せるように、とこころを込めて、この声明書に賛同いたします。

○ 森元 庸介（東京大学准教授）

ことばを発すること、交わすこと、しかしまた黙して耳を傾けること。ひとのもっとも根本的であるこの営みが恫喝（どうかつ）と悪罵と空言と冷笑に蹂躙（じゅうりん）され、「言い争う」ことさえ許されずに憎悪だけが焼け太りしてゆく世界が仕組まれつつあると思います。息つくための余地が残るかどうか、本当の意味での瀬戸際であるはずで、もうこれ以

上に押し切られるわけにはゆきません。そうしたことを話し切る自分自身の声がつい尖って硬くなり、脆くなってしまうことを感じる折もあります。厳しく、やさしく、勁（つよ）く――新しい声のあり方をおしえてくださった声明書に、こころからの敬意を表し、賛同する次第です。

○ 大西 彰（日本大学生物資源科学部・教授）

他国との戦争を回避するためには、知性に裏づけされた惜しみない外交努力が必要です。外交努力を放棄し、平和憲法を蹂躙（じゅうりん）し、言論を封じ込め、教育へのしめつけを強める安倍政権に、強い危機感を覚えます。学問の否定は、人間自らの思考を奪い、知性を否定することにはかなりません。戦争の過ちをくり返さないためにも、知性を育むことが、いまこそ重要であると思います。

○ 西郷 南海子（京都大学教育学研究科D１）

先日、国会図書館に調査に行きました。国会議事堂の中で行われている暴挙を思うと、足取りが重くなりました。

しかし、図書館の中に入ると、壁に刻まれた「真理がわれらを自由にする」の文字が、目に飛び込んできました。そのレリーフの下、たくさんのひとが文献と向き合っている姿には、一種の感動を覚えました。

そして、文献のコピーを終えてから、国会前抗議行動

に参加しました。

これからも、さまざまなフィールドを行ったり来たりしながら、歩んでいきたいです。

○ 斉藤 渉（東京大学総合文化研究科／教養学部・准教授〈京都大学文学部、人間・環境学研究科卒業生〉）

「防衛」すべきもの、「取り返す」べきもの

現政権は、憲法学者の大部分が違憲だと指摘する法案を、強行採決も辞さずに、通そうとしています。これは、ふたつの意味で看過し得ない脅威です。

ひとつには、これが「議会を利用したクーデター」にほかならないこと。わが国の根幹をなす憲法を迂回し、無視し、有名無実化しようとするこの企てを、わたしたちは絶対に許してはなりません。

「防衛」しなければならないのは何か？ それは現実に70年にわたりこの国のあり方を定めてきた日本国憲法を中心とする法的秩序です。わたしたちがこの国を本当に「取り返す」べきなのは誰の手からか？ こうしたクーデターを目論むあらゆる勢力からです。

もうひとつは、一連の動きが、たとえば憲法学者のような知的専門職の意見を、政治家や政党が自らの都合に合わせて恣意的に選別、採択してよいとみなす「越権行為」であること。近代の社会は、学問の知見に背を向けて存続することができません。物理学の理論を無視してロケットを打ち上げることも、医学の知識から離れて病

気に立ち向かうことも無理なことは子どもにもわかります。しかし、人文・社会科学、たとえば法学や歴史学に対しては、あたかもそれが可能であるかのように思いなすひとが多いこと、とりわけこの国の政治家には決して少なくないことを、わたしたちは残念ながら日々思い知らされています。そのような政治がまかり通る国は、早晩滅びてしまうに違いありません。

わたしたちが本当に「防衛」しなければならないものは何か？ わたしたちが本当に「取り返す」べきなのは誰の手からか？ いま、わたしたちが直面しているのはまさにこのような問いであり、その問いにどう答えるべきかは自ずと明らかであるように思います。

○ 山室 信一（京都大学人文科学研究所・教授）

「あせらず、根気づくで」歩みましょう!!

安全保障関連法案が衆議院で強行採決されました。衆議院議員の数的構成から言えば、想定内のことですが、しかし「国民の理解が進んでいない」ことを言明しながら、数の力で押し切ることが立憲主義を根底から毀損するものであることにからだが震えるような怒りを覚えます。まさに「憲政の外道」へと日本は歩み出しています。

だからこそ、年齢や性差や職業などの、あらゆる差異を越えてひとつの声に纏め上げて国会へぶつけ、「民主主義日本を取り戻す」べく、根気よく続けていくしかないように思われます。

46

わたし個人は、気のきいたことばを発することができませんが、7月14日にシールズ関西と学者の会の共催で開かれました緊急シンポで冒頭だけしかご紹介できなかった、夏目漱石が1916年8月24日に芥川龍之介と久米正雄に宛てて出した書簡の一部を、適宜わたしなりに抜粋して掲げさせていただきます。

「*あせっては不可せん。頭を悪くしては不可せん。根気ずくでお出でなさい。世の中は根気の前に頭を下げる事を知っていますが、火花の前には一瞬の記憶しか与えてくれません。うんうん死ぬまで押すのです。それだけです。決して相手を拵えてそれを押しちゃ不可せん。相手はいくらでも後から後からと出て来ます。そうしてわれわれを悩ませます。牛は超然として押して行くのです。何を押すかと聞くなら申します。人間を押すのです」

たとえ今国会で安全保障関連法案が成立し、さらに後から後からと相手が難題を出してきても、一瞬の火花に終わることなく、焦らず、根気づくで歩みを続けていきましょう!!

わたしたちが押し返すのは、人間であり、力ずくでではなく、論理をもって相互理解を進めるしかないのでしょうから。

○Cecilia Fujishima (Shirayuri College, Tokyo)
Japan cannot win international understanding with aggressive historical revisionism. May Japan have the courage to be frank about the past and to maintain a peace constitution. Japan's constitution provides an international example of an alternative to a militarized state. If all countries were to do the same, there would be no wars.

《訳》日本は、攻撃的な歴史修正主義によっては国際的な理解を勝ち取ることはできません。過去に対して謙虚であり、平和憲法を守る勇気を日本がもてますように。日本国憲法は、軍事化された国家に対するオールタナティブのよい例を国際的に示しています。もしすべての国家が同じような憲法をもつならば、戦争はなくなるでしょう。

○Mary Kennedy
May the world community unite its voice with yours in this most needed resistance.

《訳》世界中のひとびとが、このもっとも必要とされている抵抗において、みなさんと声をひとつにすることができきますように。

47　＊『漱石書簡集』三好行雄／編（岩波文庫）より

自由と平和のための
京大有志の会

「安保法制」、言論への威圧発言、大学への君が代、日の丸の強制など、この間の安倍政権による平和の破壊、学問の愚弄、憲法の蹂躙(じゅうりん)をやめさせ、新時代の自由と平和を創造するために、2015年7月2日結成。京都大学の学生、職員、教員たちで、勉強会や集会を通じてことばを紡ぎ、京都から発信を続けている。
http://www.kyotounivfreedom.com/

＊表紙イラストのフラッグのことばは、声明書の一文「生命は、誰かの持ち駒ではない」の意味。

わが子からはじまる クレヨンハウス・ブックレット 017
自由と平和のための京大有志の会
声明書

2015年10月5日 第一刷発行

著　者　自由と平和のための京大有志の会
発行人　落合恵子
発　行　株式会社クレヨンハウス
　　　　〒107-8630
　　　　東京都港区北青山3・8・15
　　　　TEL 03・3406・6372
　　　　FAX 03・5485・7502
e-mail　shuppan@crayonhouse.co.jp
URL　　http://www.crayonhouse.co.jp
表紙イラスト　イシイアツコ
装　丁　岩城将志（イワキデザイン室）
印刷・製本　大日本印刷株式会社

© 2015 JIYU TO HEIWA NOTAMENO
KYODAI YUSHI NO KAI
ISBN 978-4-86101-315-7
C0336 NDC070
Printed in Japan

乱丁・落丁本は、送料小社負担にてお取り替え致します。